JN424988

차 승 [illegible]

소주 한 잔

애지시선 026

소주 한 잔

2009년 4월 30일 초판 1쇄 발행

지은이 차승호
펴낸이 윤영진
기 획 유용주 이정록 손세실리아
편 집 함순례
디자인 함광일 이경훈
홍 보 한천규
펴낸곳 도서출판 애지
등록 제 2005-5호
주소 300-170 대전광역시 동구 삼성동 125-2 4층
전화 042 637 9942
팩스 042 635 9941
전자우편 ejiweb@hanmail.net

ISBN 978-89-92219-20-4 03810

* 이 책은 2008년 한국문화예술위원회 창작지원금을 받았습니다

애지시선 026

소주 한 잔

차승호 시집

□ 시인의 말

열정은 엷어지고 갈 길은 멀다.

선배 시집 자서에서 이런 글을 읽을 때마다 똥폼(?)이라는 생각을 여러 번 했습니다. 죄송합니다. 세 번째 시집을 준비하면서 이 말의 무게가 비로소 와 닿습니다.

투박한 손, 곰발바닥 같은 손을 가진 농투성이 앞에 서면 늘 부끄럽습니다. 본격적으로 농사를 지어 본 적도 없으면서 들판을 노래한다는 것 또한 부끄럽기는 마찬가지입니다.

농투성이 자식으로서 솔잎을 먹으며, 좋은 시를 쓸 때까지 먼 길 가겠습니다.

2009년 사월 마당을 나서며

차승호

차례

제2부

제3부

제4부

제1부

전국구

출마허남, 생뚱맞게 거제도는 왜 가 있댜?

노가다 현장 따라 거제도면 거제도 강원도면 강원도 안 가는 데 없이 다 다닌다는 내 친구

난 전국구 아닌가베, 자네처럼 하루 죙일 책상 앞에서 좀살궂은 지역구허구는 스케일버텀 틀린 겨

들냄시 풀내 나는 농촌 졸업하고 망치 자루로 전국을 평정한 사내 프러포즈를 프로-스팩스*로 알고 있는 유쾌한 사내

베트남은 왜 안 갔어? 가서 프로-스팩스 좀 허고 오지 이 사람, 넘이 나라 사람 데려다 고생시키고 국제적으루 망신 살 일 있능감

스케일이 국가 위신에까지 닿아 있는, 거시기 거미줄치도록 전국을 누비는 마흔댓 살 아라리 청춘

워뗘, 세류리 공천 줄 테니 한번 나서볼텨?

* 운동화 상표.

거웃을 물들이는 사내

들판에서 불린 몸 빼내어
추수 끝나고 묵은 때와의 한판
목욕탕 수돗가로 걸어가니, 후미진 끄트머리
귀밑머리 길게 길러 정수배기 쪽으로
쓸어 넘기고 쓸어 넘긴 사내
중방리에서 대대로 농사짓는
아는 얼굴의 사내
칫솔로 염색약 찍어 거웃을 물들이고 있네
나이 들면 거기도 허옇게 세는가
투박한 사내의 손길을 따라
천년의 우물가 물먹은 돌이끼처럼
새까맣게 일어서는 거웃
나날이 변방으로 밀려 황량해진 들판에
씨 뿌리듯 모내기하듯
사내의 눈빛 참 진지하네
한 올 한 올 염색약 칠해가며 사내는
들판의 부활을 생각하는 것은 아닐까

자꾸 쳐다보는 내 눈길 의식한 듯해
어물쩍 선수를 치네
농사꾼은 워디가도 표난다니께
정성들여 가꿨으니 안사람이든 들판이든
한 십년 찍어누르는 건
일도 아니겄구먼그류

육갑 떨다

불알털털, 불알털털털……
다소 경망스런 트랙터 몰고 다니며
노인네 논바닥을 간다
저 트랙터로 말하자면 농기계 1세대로
젊었을 때, 동네에서 세 번째 장만한 트랙터이다
새벽녘이면 불알탈탈, 불알탈탈탈……
환하게 벌은 알밤을 터는지 그때는
좀 더 기운차게 경망스러웠다
칠십 노인네 논바닥 갈아엎을 때마다
불끈불끈 들판의 푸른 힘줄
지렁이처럼 꿈틀거린다
트랙터 나오기 이전부터 들판에 엎드린 들짐승이
바로 저 노인네이다
노인네도 트랙터도 많이 늙었다
둘 다 늙은 현역이다
듣기로는 아직 보충병이 보충되지 않아
어느 세대에 제대할지 까마득하단다

노인네가 채신머리없는 트랙터로
들판에 보톡스를 놓는 동안
보충병이 되지 못한, 보충자원인 나는
들판에 몸 붙일 생각은 하지 않고
불알털털, 불알털털털……
불알 밑 거웃을 헤아리듯
저걸 3음보라 해야 하나, 4음보라 해야 하나
논둑에 서서 육갑을 떨고 있다

연적들

자식들 십시일반 건축비 모아
고향 노인네 집수리를 해 드렸다, 어리보기 나야
문짝 하나 달은 것밖엔 없지만
아담하게 양철집 개보수하고
돼지 잡아 집들이하는 날
세류리 슈퍼를 나온 동네 노인네 서넛
가루비누 상자 같은 걸
한 개씩 들고 오는 것이었다
노인네 불알친구들 늘그막엔
떡줄 사람 생각도 않는, 그래서 쌍화차만 들이켜는
양지다방 양 마담 문고리들
뭐 사올 게 있어야지, 축하드리네
마루 끝에 한 상자씩 놓여서
더도 덜도 아닌 마음들
돼지껍데기처럼 쫀득쫀득한 마음들을
나는 무엇이라 해야 하나
평생지기 우정이라 하면 될까

곁에서 지켜보는 어머니도 마음 기꺼워
해바라기처럼 웃으시는데,
양 마담 안 불렀능감, 워째 안 뵈능 거 같은디?
어허 이 사람, 대체 양 마담이 누구여?
양지다방 간판만 뵈두 질색팔색
십리는 돌아댕기는 사람보구

달빛

워떤 처자 밤새 벌거벗구 밭고랑 누볐길래 시뻘겋게 양기 뻗치구 있댜 한 낭구 한 되박은 따겄네그랴 평소 아들 하나 있어야 된다고 성화인 어머니 고추밭에 와서 자꾸 고추 고추 하시네

제기랄, 우리 집 양기가 고추밭으로만 뻗쳤으니 내가 딸만 둘인 것두 다 이유가 있다니께 이참에 손자 생각 접으시능 게 좋겄유 불알 깐 것은 아니지만 계획 없는 나는 어머니 마음 그 깊은 심연 속으로 빠지지 않으려 건성건성 말(言)껍데기만 핥네

그래도 잘 된 고추보고 뭐 생각나능 거 읎으신감? 왜 읎유, 어머니 말씀 백 번 지당허시다 생각 중인디. 뻔한 빈말에도 혹시나(?) 환해지는 어머니 주름살 늙은 주름살

그게 아니라 워떤 처자 밤새 고추밭 뛰어댕겼다능 거 말유 할매 같으면 끝물 고추 마냥 쭈그렁 쭈그렁헐 텐디, 길쭉길쭉 성깔 나서 께쳐들구 있능 거 보니께 뉘 집 처자 신가? 간밤 달이 밝더니 말이지유

시절피너면* 집집이 칠십 늙은이덜인디 처자는 무슨 처

자, 처자 닮은 달빛이지

* 바보짓하다.

쌀값

촌에서 말이지유

하이타이 대신 고쟁이 빨아 햇살에 헹구는 깡촌에서 말이지유 꼭 어머니덜같이 생기셨어 칠십 여남은 된 시골 할매 서울 아들네 댕기러 왔단 말유 원래 어머니덜 늙어 할매 될수록 거시기를 밝히잖남유 뭘 밝혀? 그게 아니구 아들 아들 헌다구유

여하튼, 이 노인네가 다섯 살 먹은 손자 고추를 보고 신통방통 얼마나 대견했던지 아이고, 내 새끼 고추 참 잘 생겼구먼 했단 말유 요새 다섯 살이면 소젖 먹어서 그런지 수도꼭지 빨아서 그런지 좀 까졌남유

아, 어린것이 대뜸 헌다는 소리가 할머니, 그럼 형아 꺼는? 하고 묻더란 말이지유 그건 좀 크니까 잠지지 그럼 아빠 꺼는 큰 잠지여? 그건 좆이여 그만 물어봐 얼결에 딸꾹 딸꾹 대답하고 보니 시골 할매 며느리 옆에서 슬몃 부끄러웠던규 그만 물어봐 손사래를 치넌디 어린것이 영악허기두 허지 그럼 할아버지 꺼는 뭐라고 해? 할아버지 꺼?

꼭 어머니덜같이 생기셨어 할아버지 꺼는 뭐라 했겄유?

…… 호호호홍, 그건 좆도 아녀

삶은 감자에 옥수수 수박 한 통 빼개놓은 평상, 쌀값 내려서 웃을 일 없다고 약 좀 한번 팔아보라는 부추김에 시답지 않게 이빨 풀어내니 검버섯 채송화로 핀 얼굴들 단호박처럼 둥글어진다

좆도 아닌 건 아니구 생김새가 빠진 좆같기는 허지, 늘어진 쌀값 마냥

폐기물 접수하다

가만있어 봐

장롱 일곱 자짜리, 시집올 때 해 온 반닫이, 의자 한 개, 금성 테레비 하나, 자개 떨어진 밥상, 거시기까지 열 가지여

노인네 참, 그걸 다 줏어 섬기신댜

은근슬쩍 던지는 인사말에 잘생긴 총각이라 사람 알어볼 줄 아너먼그랴 소싯적버텀 총기허먼 나라고 쭈글쭈글한 얼굴 복사꽃처럼 환해진다

설 지나 예순아홉 됐다는 이차손 할매

열다섯 식구 살 때도 밥숟가락 하나 놓치지 않았어, 빤스에다 표시해가매 산 집두 있다더먼서두……

도화선에 불붙듯 기분 좋게 쏟아지는 이력

그러셨구먼, 그러셨어

보리곱삶이 먹고 건너온 세월도 제각기 얼굴이 있으신가베? 암만, 세월 지나봐 모난 것두 보기 좋게 둥그러져 이뻐진다니께

그러시구먼, 할매 칠만 오천 원인디

지랄허네, 쓰레기 버리는 게 금값이구먼 지랄 말구 오만 원 워뗘?

명랑한 고기잡이

시방버텀 한 수만 년 전 이바군디 말여

호랭이 금연껌 씹어가며 금연침 맞던 시절 이바군디 말여 그때는 먼 바다 괴기 잡으러 가면 한동안 바다에 묵었단 말이지 사내끼리 징글맞은 뭣끼리 묵다보면 오로지 집구석 마누라 생각 간절허기 마련

그렇다고 배를 돌릴까나, 헤엄을 칠까나

한번은 말여 꼭 자네처럼 생긴 뱃사람이었던 모양. 대서양인가 태평양인가 괴기 잡으러 갔다 만선의 귀향을 허게 되었넌디, 딴에는 반가운 소식이랍시고 먼저 전보를 치게 되었던 겨 전보도 검열이 있던 시절 아닌가베 여섯 자밖엔 안 된다능 겨 삼나무갑판 옹이 빠진 자리만 봐도 오금다리 저리는 판에 여섯 자가 문제였겄남 궁허면 통헌다 통박 굴리고 굴려 마침내 생각해 낸 여섯 자, **ㅈ 귀향 ㅅ 준비**

그런디 말여 그동안 ㅅ은 혼자였겄어?

연안부두 울며 이별할 때는 이별할 때고 자장면 먹고 싶을 땐 또 자장면 먹어줘야 되거든 실속은 실속대로 다 채리다 급보에 당황했던 겨 무슨 수를 쓰더라도 한 수 물리고 보자 통박을 굴리고 굴려 여섯 자 답신을 보내게 되었넌디, 자네 같으면 뭐라 했겠나?

남들은 가을걷이 눈코 감을 새가 없는데 접밥술*에 취했나? 일하기 싫어 꾀가 나는가? 논두렁 퍼질러 앉은 이 영감 지나던 늙은 총각 명구 붙들고 불두덩 근처 긁는다, 제목?「명랑한 고기잡이」여

* 새참으로 마시는 술.

서울 야사野史

가리봉동에서 공원 생활하던 친구가 있었다 서울로 올라가 일찌감치 자리를 잡은 셈인데 그는 고향에 남아 있는 친구들 대처 상경을 부추기는 유일한 근거였다 상경할래야 갈퀴발 걸리는 일가붙이도 없는 판국에 출근하고 퇴근하는 그는 자수성가의 모델. 소금 들고 황소불알 떨어지기 기다리듯 상경을 꿈꾸던 족속들 한 놈 두 놈 돼지 판 돈 훔쳐들고 자수성가를 찾아갔다 이 친구 귀찮은 내색 않고 매번 역전 근처에서 술대접을 했는데 술 마시기 전에 이런 말을 했다고 한다

어디 가 목간이나 좀 허여

상경하여 총각딱지 뗐다는 풍문 은밀하게 퍼져 남아있던 친구 놈들 더욱 몸 달아 조바심하고 조바심 끝에 상경을 감행하니, 그때부터 서울은 삼만 원 아니면 칠만 원이었다

재야인사

요샌 선도지先賭地 해봐야 남는 거 읎유

그러지 말고 마지기당 가마 반 워뗘?

나보다 잇속 밝은 아우는 안면 있는 동네 농민 후계자 앉혀 놓고 농사처 줄일 흥정을 하고 평생 몸담았던 들판에서 2선으로 물러난 칠십 아버지 예순일곱 어머니 올해 대풍을 기원한다는 어느 지방소식 가득한 테레비 화면에 건성으로 마음 맡긴다

기운 부쳐 농사도 이젠 글렀능개비다

자갈논 남의 손 빌리는 자리 명절 쇠러 온 김에 매듭짓자고 알량한 아버지 어머니 생각의 무거웠던 짐 내려놓자고 선도지 후도지를 따진다

2선으로 물러나셨으면 재야인사신디, 어머니 술이나 한 잔 줘유 흥정 끝낸 아우는 마음이 안 됐는지 마음이 놓이는지 간을 맞추고 재야에 편입되시면 여기저기 강연 나가기 바쁘시겄구먼유 그것도 위로랍시고 슬며시 말 한마디 던지는 나는, 농투성이 될 날 기약 없는 나는 재야인사의 장남쯤 되겠고

세류리 술주머니

얘기 들어 봤남?

소싯적엔 말여, 단속 속이느라 상엿집 칠성판 밑에 곡주 담가놓고 먹었다니께 자네 아버지하고는 꽃밭머리 상엿집 번차례 드나들던 의형제구먼 자네도 나랑은 그냥 집안이다 생각허면 되여 자네 아버지랑 각별해서가 아니라 세류리 사람 다 집안처럼 가깝다는 얘기여 개화된 탓인지 형제끼리두 일년에 한두 번 보는 집 수두룩 허잖어

한동네 태어나 한동네 물 먹고 한동네 땅 파먹다 밥숟가락 집어던지는 건 농투셍이 자유 아닌감 땅 파먹기 지겨워 밥숟가락 집어던지면 세류리 사람 너나읎이 상엿집 동문으로 편입되넌디 아닐 말로 집안두 그런 집안 워딨겄나, 안 그려?

그렇다고 온 동네 사람 뭐 특별나게 생각헐 거 하나 읎어 자네 집 내려올 때 술 한 병 사갖고 오먼 되넌 겨 우리네 양주 같은 건 양이 안 차 싫고 쐬주먼 되여 안주? 열무김치 거시기라구 누가 잡어가남? 더 얘기허면 잔소리구 말여 앞으로도 나 지나가걸랑 불러 술 한 잔 줘야 허네

빈집 황소 들어가듯 세류리 술주머니 소주 한 잔 들어가니 온 들판이 다 싸하다, 얼큰하다

달갈이라두 부쳤어야 되넌디 안주가 개갈 안 나* 죄송스러워유

* 마땅하지 않아.

태극전사들

나이 많은 집 농사까지 도지로 부탁받은 구단주 동목이 형님 비 오는 날은 삽자루도 쉬는 날 온 동네 선수 소집 술추렴을 했다

굴뚝 모퉁이 새파란 머윗잎 데치고 닭도리탕에 푸른 소주병, 교자상에 둘러앉은 태극전사들

못자리쯤이야 몸 풀기 평가전 아닌가베 소싯적 완강한 어깨 하나로 쌀 두 섬쯤 끄떡읎었지 십여 리 지고 가는 건 일도 아니었다 구라를 치고, 김 영감 구라는 알아주는 구라라며 이젠 농사 그만 지을라네 박 영감님 은퇴선언 왕구라에 속아주며 소주를 마신다 소주를 부어준다

밥숟가락 놓기까지 게임은 계속되어야 허니께, 비 오는 날마다 팀웍 다지는 게 워뗘? 팀웍 아니라 쐬주웍이면 생각해 봄세

시작하면 마시다 만 술처럼 기분 나빠서일까?

오프사이드 트랩으로 실점을 주고받는 식상한 정치 얘기까지 입안주로 꺼냈지만, 지난 시즌 페널티킥 한 방에 무너진 쌀값 얘기는 아무도 내비치지 않는다

여게, 다음은 자네가 좀 불러줘

비 오는 날은 삽자루처럼 쉬는 날 조금 덜 늙은 구단주가 술추렴 하는 날 소주를 마시며 소주를 부어주며 붉은 얼굴로 그라운드 나설 채비를 한다, 늙은 태극전사들

쉬

둥근 달의 그늘
숲보다 더 깊은 숲이 있는데요
아실랑가 모르겄네요
그러니까 그때가
흥부네 박이 달처럼 여물던 때던가요
여문 달을 따내 슬금슬금 톱질하던 때던가요
호되게 뒤통수 맞은 것처럼
달그림자에 이끌려
싸리나무 숲으로 들어섰는데요
마른 침 꼴딱꼴딱 넘어가고
심장은 수도 없이 딱정벌레처럼
뒤집어졌는데요
안, 돼요돼요돼의 격렬함은
손아귀 축축하게 다 빠져나가고
왼발, 오른발, 왼발, 오른발……
세 살 때 학습한 걸음을 옮기는 법에 따라
달 숲에 들어섰는데요

나중 알아차린 사실이지만
얼굴이며 손등, 종아리, 허벅지
긁히고 피딱지 엉겨 붙었지만
전혀 알아차릴 수 없었네요
둥근 달의 그늘, 아실랑가 모르겄네요
숲보다 더 깊은 숲이
어쩜 백주대낮처럼 환하던지요
유순이 누나,
급하기는 급했었나 봅디다
싸리버섯 따다말고 온 숲 진저리치도록
쉬를 하고 있었으니 말이지요

진행형

이 땅의 족속들 아직도
상강이면 둘러앉아 태양초 다듬고
늙은 호박 긁어 뱃구레 뜨뜻하게
호박죽 나눈다
대설과 소설 사이
한 접씩 두 접씩 김장 절이고
서울 사는 큰딸년 부천 사는 작은딸년
수원 사는 막내아들놈
택배로 한 동이씩 겨울 건건이 부친다
징하다, 징해
개화되지 못하고 깨지 못하고
가을마다 허방 빠지는 농사짓는다
깨잇늠으거, 접으먼 그뿐이여
말로는 골백번 작파를 해도
무식하게 우직하게 이 땅의 족속들 아직은
진행형으로 남아

깊고 푸른 밤

맨날 허리 아프고 근력 읎다더니, 영감님 속초 민박집 계셨더먼 발 읎는 말(言) 적토마 타고 온 동네 들쑤셔두 깨잇늠으거, 마나님 잇끗두 안 허시더랴 벼락 맞은 자식들만 전화통 불 지르다 싸움 날 뻔했더라구 큰늠은 막내더러, 네가 수시로 챙긴다더니 어떻게 된 거냐? 형은 뭐하는 사람이길래 나보고 야단이냐? 온전하던 집안 집구석 될 뻔했더라니께

그거 참, 손은 누가 먼저 들었다나?

집 나간 지 사흘 만에, 배추모종 다 헌 겨? 영감님 쭈뼛쭈뼛 대문 열고 들어오더랴 씨불알늠으거, 들판 걱정으로 귀가허셨구먼 내남적읎이 들판이랑 이불 덮구 사는 꼴이라니께 어쨌거나 영감님 가출을 다 허시구 참 간 큰 남자시구먼 나이 칠십에 깊고 푸른 밤 보내기가 쉬운 일은 아니지 깊고 푸른 밤?

아, 장미희 나오는 영화 말여 신송리 방앗간 쌀값 에둘러 당진 가 보고 오지 않었남

제2부

소주잔에 길을 묻다

지난해 배추농사 죽 쒀서 개 줬다고,

트랙터로 갈아엎으며 내년부터 배추 심으면 사람이 아니다 올해는 두어 두둑 먹을 거만 심었더니 밭떼기 포기당 삼천 원 유사 이래 꿈만 같은 배추 값에 거푸 한라산 빨아대는 오씨는 농투성이다

어허, 그런 결심으루 담배나 끊으먼 건강이나 좋아지지 그러길래 사람은 지조가 있어야 되는 벱이여 갈아엎을 때 갈아엎더라두 초지일관, 한두 번 속는 것두 아니구 말여 슬슬 염장 지르는 마씨도 요지부동 쌀값 앞에 논농사 재미 못 본 농투성이다

배추농사꾼 오씨나 논농사꾼 마씨나 수십 년 전 하늘 쳐다보며 기우제 지내던 자세로 가격변동 바라보며 담배만 빨아대는 농투성이다

배추고 지랄이고 내년엔 뭘 심어야 된다나?

이 사람, 배추를 심을지 지랄을 심을지는

자네 앞에 소주잔 보고 물어봐야지

왜 나 보고 물어본다나?

최순희

콩밭 매나 운동이나 매한가지 아니라니?

지난달 코골이 심하여 병원에 갔다 덜컥 갑상선 수술 받은 어머니 콩밭 매는 건 운동이 안 된다는 처방에 따라 저녁 자시면 나서는 산책길, 따라나섰네

콩밭 매는 건 노동이라고 허넌규

노동은 무슨, 얼절이나 겉절이나 썩어 읎어질 육신 움쩍거리는 거 아닌감? 산책도 들판 둘러보는 일로 여기시는가 농로 따라 억세게 뻗은 껄껄이풀 걷어 내시네

공부 많이 헌 의사양반 운동 운동 허니께 그냥 그런개비다 허넌 겨

농사꾼 발자국 소리 표가 나는지 문풍지처럼 바람귀 세우는 들판 무량수 들판

들판은 어머니(최순희, 1942~)가 다 키우시너먼그류 낮에는 노동으로 밤에는 운동으로 어머닌 무슨 노동운동가 같유, 말허자면 실존 노동운동가

들판 깊은 어디쯤 뜸부기 울음 잦아드네 내게 몇 번이나 남았는지 알 수 없는 즐거운 시간 하나 저물어 가네

아직 살어 있으니 실존은 실존이구먼그랴

* 가방끈이라고는 국민학교 중동무이한 게 전부다. 보리곱삶이의 젊은 날부터 농투성이다. 들판의 손이다. 뜨거운 손이다. 실존 노동운동가, 내 어머니.

모래알 싹트남유?

어이쿠, 조짐도 없이 들이닥친 장대비
도리깨 정통으로 맞은 쥐눈이콩 튀듯
넋 놓고 앉아 있던 햇살 재빨리
고향땅으로 뛰어내린다
들판 멀리 흰 머리칼 무법자처럼 날리며
뭐라고 뭐라고 손짓하는 어머니
필경 고추멍석 걷으라는 몸짓
어머니도 참, 아들 싸가지를 그렇게 모르시나?
열 살 이후 삼십여 년 만이지
일하다 말고 생뚱맞게 똥마렵다고
그러냐고, 안 볼 테니 콩밭에 가 누라고
아니라고, 체면이 있지 집에 가 눠야 된다고
일하기 싫어 꾀똥 누러 왔다
삼수갑산 문지방 베고 수마에 잡힌 나는
혼곤하게 게으름에 취한 나는
보고도 못 본 체한다
내 탓 아니여, 고추멍석 떠내려가면

누가 조짐도 읎이 들이치라 했능감
어머니 황야의 말발굽처럼 달려와
날 향해 도리깨 정통으로 내려치실까?
어이쿠, 고추 멍석부터 걷으실까?
진노할 어머니 모습 즐겁게 떠올리며
애꿎은 열셋 어린 딸년
시골 왔으면 농촌체험 해야 된다
고추멍석 걷으라고 꼬약거리는* 한낮
세월아, 이놈 세월아
한번 꼴리는 대로 가 봐라

* 소리 지르는.

천직 빼그러지다

열두 살 어린 딸년 데리고
늙은 어머니 배추 모종을 한다
상토흙 담긴 포토에 딸년은 구멍을 내고
어머니는 실낱같은 싹 옮겨 심는다
슈팅게임 즐길 때는 환상적이더니
어색한 듯 어색한 듯
투박하게 움직이는 어린 딸년의 손가락
책에서만 보던 현장에서 일하는 게 신기한지
실낱같은 싹 아름드리 배추 된다는 게
믿기지 않는지
몇 번이나 이게 무슨 배추냐고 묻는다
제법 진득하게 일하네
배추는 옮겨 심어야 튼튼해진단다
배추를 배추로 키우기 위한 작업이
모종임을 강조하며, 학교생활이 어떻고
벌써 조숙해졌는지 이상형이 어떻고
즐거운 분위기가 계속됐는데

이다음 넌 여기로 와 농사짓고 살아야 된다
그냥 시장에서 사 먹으면 안 되나
슬며시 일어나 머리카락 보이지 않는다
어머닌 입이 탈이여
일꾼 하나 빼그러졌으니 워쩔규
세상 참, 천직이 다 빼그러지너먼그랴

붓질

새벽 불법주차 단속 마치고

후배 놈하고 안면 있는 식당 순대국을 시키는데, 우리 형님 글 쓰는 분이다 시키지도 않은 진담을 농담처럼 던지는 게 아닌가

순대나 많이 달라지 시 쓰는 거하고 순대국하고 무슨 상관이냔 말여

갸우뚱, 잠시 고개를 학처럼 외로 빼던 주인 양반 옳거니, 내가 아는 아무개도 붓글 하는데 전시회도 하고 무슨 묵란회 들어 있는데 혹 아시는가 묻는다

무슨 묵란회 멤버는 택도 없고 이 친구가 농을 한 거다 불법주차 스티커 풀 발라 붓질하는 처지라고 변명 아닌 변명을 하는데

시 쓰는 게 무슨 변명이라도 해야 되는 일처럼 내가 쓴 시가 발기 안 되는 거시기처럼 쫄쫄해지는 게 아닌가

시와 붓글과 붓질이 식탁 위에서 순대 속처럼 뒤엉키고 잠시잠깐 순갈 들기 어려웠지만

워쩔 것이여, 시가 밥 먹여주는 것도 아니고

고춧가루 듬뿍 풀어 순대국 퍼 먹는다

호박

아침저녁 아파트 축대 밑을 지나다
난간에 매달린 호박 한 덩이 보았네
누가 호박을 다 심었을까, 아파트 천국
아들네 살러 왔어도
가만있으면 부접 못하는 들판 출신(?)
달이 깊어갈수록
달덩이 되어 가는 호박 한 덩이
낮달 보는 기분으로 그 길로만 다녔는데
아들네 정붙이지 못했는가
달도 차면 기우는가
노란 씨 서너 개
달의 몸에서 나온 듯한 마침표
구둣발 아래 찍혀 있네
뉘신지 몰라도 정든 땅 언덕 위 생각나
괴나리봇짐 싸셨는가
아파트 싫다, 예당평야에 눌러 계신 어머니
차부에서 나를 배웅하고

전봇대처럼 멀어지던 어머니, 눈에 밟히네
나는 멀리 부산에서 사네

바지락과 만두

삽교천에서 바지락 긁어다 한 사발씩 동네잔치를 벌인 다음날 길상이 할매 빈 그릇 그냥 주기 미안했던지 알도 굵어, 무슨 바지락을 잡어올 때마다 준다냐 찐 도투락 만두 한 그릇 건네준다

손수 빚은 만두가 아니어서 공장표 만두라서 만두공장 사장 들으면 서운해 하겠지만 만두는 맛이 없고 **바지락은 알이 굵다,** 거듭 강조하는 그녀

날 더운디 만두를 다 쪄오셨댜

옥수수 모종 하다말고 불려온 어머니와 나는 만두를 먹는다 만두피가 말랐는지 목메이지만 알 굵은 바지락과 맛대가리 없는 만두 대비하는 마음 대접하듯 간장을 찍는다

호박국 끓여도 알 굵어서 먹잘 것 있더먼

개펄도 아닌 밭둑에서 굵직하게 바지락 키우는 길상이 할매 늙은 그녀의 마음 헤아린 것일까 어머니 스스로 낮아져, 나는 워째 바지락을 긁어두 맨 잘디잘은 것만 잡어 온다니께 까먹느라 고생허셨지유? 바지락 크기 바르집는다

잘아도 알지게 영글어서 굵은 거나 마찬가지라니께

바지락과 만두, 씨알 작은 바지락과 퍼석퍼석한 만두를 오가는 두 마음속엔 바지락의 굵기나 만두의 맛은 애초부터 마음자리 아니었던 것

농촌도 도시 뺨치게 각박하다는 세간의 싸가지들은 덥석 물은 재갈 빼내려 애를 쓰고, 어머니와 나는 만두 한 그릇 다 비웠다

무슨 하교하실 말씀이라도?

여든아홉 손윗동서 돌아간 자리

여든셋 아랫동서 버선발로 달려와 곡을 하시네 남들은 호상이라고 오랜만에 만난 얼굴들 찾아다니며 인사하기 바쁜데 **아이고, 형님!** 들숨 날숨 기진할 듯 풀어내는 곡소리 그 기막힌 곡조에 나는 들어보지도 못한 배따라기 가락 떠올리고 진도아리랑 열두 구비 넘어가네

시어머니 일찍 여의고 손윗동서 시집살이

한겨울 손등 터져 쓰라려 한여름 땀띠 돋아 쓰라려, 누구나 손등 터지고 땀띠나지만 시집살이로 겪는 사시사철은 뼛속 깊이 새겨지는 법. 쓰리고 아린 한 깊을 법도 한데 어찌 저리 섧을까? 기왕 가신 분은 가신 분 이러다 몸 상하신다, 육십 줄에 들어선 아들 젊은 손자며느리까지 달려드네 가신 분이나 남은 분이나 참 다복하시구나 눈물 콧물 낭자한 분위기 탓인가 진동 모드로 바꾸지 않은 핸드폰까지 울어대네, **날 좀 보소, 날 좀 보소**……

여덟 시간 곡소리 완창, 장기전으로 돌입한 노할머니 격렬한 슬픔의 우듬지에서 비위 상하셨는지 핸드폰 단속

못해 쥐구멍 찾는 내게 그렁그렁한 눈길 주시네

참으로 곡진한 슬픔입니다, 무슨 하교하실 말씀이라도?

아이고 쉽구나 얘야, 전화 받아라

참외 두 개

씨불알늠으거,

호락질버덤 품팔이가 훨씬 수월허여 먹고 얘기허다 하루해 다 보낸다니께

마늘 캐내고 콩 심는 자리 오리 마냥 쪼그려서 그런지 오금다리 저리고 햇살 따가워 볼따구니 얼얼하다

냉장고 보리차라두 얼려갖고 나올 걸 그랬유

늙은 어머니 쉴 생각 없으신가 콩알만한 비지땀, 빈 밭 메워 나간다

날 더운디 저 여편네들 뭐가 저리 재밌다니?

길 건너 포도밭 봉지 씌우기 작업에 동네 분들 접밥 자시는지 서로 옆구리 찌르는 소리 갈갈대는 웃음소리

칠십 늙은이덜 정분나면 워쩔라구 저런댜

물레방앗간이 따로 읎구먼그류

호밋자루 집어던지고 일어서는데 포도밭 늙은 우체부 도장 갖고 나오란다

얼러려, 눈치 채셨나베 냄시 풍기고 안 줬으면 숭봤을 규

씨벌헐 씨벌헐

아우는 힘도 좋다
꿈결처럼 예초기 돌아가는 소리 들린다
낮술은 아비도 못 알아본다는데
날아가는 황새 거시기를 봤나, 얼굴 빨게졌다
휘발유통 들고 다니다
겨우 기름 한번 갈아주고
일부러 논두렁에 쓰러졌다, 눈앞이 환하다
삽교천에서 흐르내까지 올라왔다가
재주 좋게 도망친 가물치 마냥
씨벌헐 씨벌헐, 아우의 마음 들리는 듯하다
옥수수 마요네즈 녹아내리듯
내 몸 땅속으로 스며든다
아우야, 아쉬운 대로 황새 거시기라도
한 가마니 갖다 주랴?
씨벌헐 씨벌헐, 아우는 일도 잘한다
씨벌늠, 나는 욕만 잘한다

며느리

뭐 허셨간 즌화두 안 받으셨댜?

중국산 흑명나방 기승을 부리는 판에 들판 소독해야지 팔자 좋게 즌화 받을 새가 워딨냔 말여

아홉 시면 어김없이 찾아오는 며늘아기 문우 받으며 저녁밥 자셔야 된다고 전화 끊기 서두른다

아홉 시 뉴스 아나운서가 워째 어머니 며느리랴?

맨날 밥상머리 앉아 늙은이 불편헌 거 챙기넌디, 그럼 며느리 아니고 뭐여?

대화

넌 툭허면 뭘 쓴다구 껍적거리더니
맨날 다 떨어진 삽자루 얘기냐?
아능 게 것밖에 읎유
것두 다 우려먹어 동냥 다닐 판이구먼
동냥 다녀, 워디루?
지름 묻은 공장으루? 넥타이 맨 은행으루?
말이 그렇다는 거지 동냥은 워디루 다니겄유
허기사, 사람이나 작물이나 뿌리 읎넌 게 있간디
넌 태생이 땅 파먹는 디니께
그냥 죽을 때까지 삽자루만 써야 되겄다
정 쓸 게 읎거든 삽으루 밥 퍼먹었다구 쓰던지
그러잖아도 어머니나 나나
삽으루 밥 퍼먹는다구 쓰구 있유
평생 신물나두 무녀리마냥
아능 게 것밖에 읎다구유
그래서 얼마나 다행인지 모른다구유

사과나무 시간

둥치만 남은 사과나무 있다
어머니 그곳에 앉아 계신다
나이테 목도리처럼 두른 앉은뱅이 의자
내가 부산에서 밥벌이에 벌벌거리는 동안
낡은 의자 삐걱거리듯
둥치의 일부 나뭇조각으로 떨어져나가고
어머니 늙었다
부유식물처럼 뜬살이 나는
사과나무 시간이라고 코팅하여 넣고 다니며
거울 보듯 틈날 때마다 꺼내본다
어머니는 언제까지 늙으실까?
저린 다리 바로 세우며 무릎 짚고 일어나
어머니 집으로 들어가고
썩은 사과나무 둥치
그리움 영지처럼 피어나는 때가 되면
나도 늙을까? 늙은 나는
사과나무 둥치에 앉아

어머니의 기다림에 대하여 생각할까?
두 무릎 사이 얼굴을 묻고
깊은 생각에 잠길까?
마흔 넘어 나는 가끔, 잠들지 못한다

우리 층 청소 담당자

내가 밥 먹고사는 건물은 15층인데 층층이 청소하는 분들 배치되어 있다 출근시간, 근무복 입고 엘리베이터를 탈 때 보면 우리 층 근무자의 머리칼이 제일 하얗다 제일 검기도 하다 세월에 들인 물감이라 어떤 때는 희고 검은 색이 반반씩이다

지난 어버이날에는 붉고 탐스런 카네이션 달았던가, 사람은 보이지 않고 유난히 꽃만 보이던 우리 층 청소 담당자 살아온 이력에는 세련된 웨이브 있어 입보다 주름살이 먼저 웃는 그녀

골초들의 잦은 끽연으로 금세 차오르는 화장실 재떨이를 비우거나, 간밤 음주가무로 인하여 변기에 앉아 있을 때 그녀는 문 밖에서 자신보다 큰 마대를 들고 화장실 바닥을 쓱쓱 닦아낸다 그때마다 나는 사실 조금 부끄럽다

점심 먹고 올라오면 허리 펴는 시간인지 그녀는 복도 끄트머리 벽에 붙어 커피를 마신다 어떤 때는 그늘 속에서 핸드폰으로 누군가의 점심을 챙기기도 한다

그녀는 들꽃 같다

생면부지 무례한 작자들 툭하면 육두문자 날리는 걸 당연하다, 끗발 쥐인다 여기는 게 요즘 세태이고 보면 그림자처럼 세상의 일각 닦아내는 그녀는 호밋자루 들고 들판의 가슴 가꾸는 어머니의 실루엣이다

미니스커트 차림의 아가씨 청소 담당을 하지 않아 참 다행이다

뭣이 지랄헐 때마다

무좀이 아닌가베
한포진이라는 듣도 보도 못한 습진
손바닥 발바닥 점령한 다음
돌팔이는 무좀이라 했다
물집 잡히는 무좀두 있대유?
볼 거 읎어, 무좀이라니께
수차례 무좀약만 환부에 덧칠했지만 웬걸,
점점 더 격렬해지는 한포진
한두 개 좁쌀만 한 물집 돋을 때에는
이슬 먹고 똥도 안 누고 살아온 내 정신에
드디어 사리가 열리는구나
구라 때릴 여유도 있었는데
청포도처럼 주렁주렁 사리 열리매
이거 큰일 났다 싶은 명절날
오랜만에 만난 반가움도 잠시
어머니 기절할 듯 발 벗고 나서신다
양방에 한방 민간요법까지

석 달 열흘 쏟아 부어 그런지
어머니 정성이 닿아 그런지 잠시 소강상태
볼 거 읎어, 습진이 잠수 타는구먼
씨벌늠, 믿을 건 못 되지만
재발헌대유 말 대신 우선해졌구먼유
반갑구나 반가워, 나보다 더 반가운 어머니
습진이야 지랄허다 지치면 사라지겄지만
어머닌 오래 사셔야 되겄유
뭣이 지랄헐 때마다 말려주셔야 되니께
오래오래 사셔야 된단 말유

제3부

족답 탈곡기

벼훑이의 3대 손이며
자동식 동력 탈곡기의 증조부요
수동식 동력 탈곡기의 아비, 족답 탈곡기를
지게에 지고 와
대문 앞에 턱 받쳐놓고
숨기지 못한 뿌듯함이 얼굴 가득 묻어나던
아버지 젊은 날 미소는 좋았다
젊은 아들놈, 타작은 콤바인이 다 할 텐데
엿장수 줘도 안 가져가는 물건
어디에 쓰냐고
헛간 구석 자리만 차지하고 거치적거린다고
밭머리에서 족답 탈곡기 불태운다
장성한 자식 하는 일
가타부타 말이 없는 아버지
늙은 눈빛 깊어진 아버지는
무얼 잃어버렸는지 밤새
가위눌렸다

말(斗)을 만나다

입식부엌에 실내화장실 짓느라
광이며 헛간 없애고부터
여간 불편한 게 아니라고,
삽이며 호미 세간살이들 여기저기
부랑아처럼 몰려다니는 게 너는 좋으냐?
벼르고 별러 널찍한 창고 장만한 아버지
쓰지도 않는 말
제일 높은 시렁 위에 올려놓았다
살림살이 가늠하는 일이 곧
사람살이 가늠하는 일
말도 한때 전성기가 있었다
어느 해인가,
가을걷이 끝나고 장려쌀 떼 주면서
한 사나흘 열 되들이 말로 퍼 담을 곡식
추수하는 게 소원이라던 아버지
곱빼기로 빼가던 장려쌀 애저녁에 다 갚았어도
그 희망가는 유효한 것일까?

테두리 녹슬고 옆구리 삭아버린 말
시간도 손때 묻어야 빛나는지
합덕 장날 흥정해오는 이 없이
하루 종일 난전 보는 노인처럼 쓸쓸하다
저거 인사동 나가면 오만 원은 되겄넌디유
짐짓 너스레떨며 선반 위 바라본다

패

들판은 제 가슴 열고
밥 아까운 놈까지 먹여 살리니
제 몸 공명통 되어 끼니 챙겨주던
선원의 나무 물고기 같네
어머니도 그러하네, 뙤약볕
땀으로 맥질한 해콩 택배로 날아와
아파트 거실 환하게 밝히네
이늠, 나는 평생 밑알만 늫구 말여
아따, 밥 아까운 늠까지 살린다구 쳤으먼 됐지
배지도 않은 알 워치기 낳는댜
할 말 없으니 멋쩍게 큰소리쳐가며
향토 장학금 받듯 밑알을 받네
묶지도 자른 적도 없는데
나는 왜 밑알 값을 못할까?
부지하세월 구리알도 못 낳는 밑으로
검은 머리 파뿌리 되도록 밑알 넣는 어머니
젊어서는 머리짐 늙어서는 택배

밑알 넣는 어머니
어머니 패는 패두 아닌개뷰
사는 게 이팔망통이어서
어머니에게나 큰소리지
생각해보면 나는 참 쪽 팔리네

사과

부산까지 차를 다섯 번이나 갈아타는데 어떻게 가져가느냐고 그래도 늙은 에미가 지은 농사인데 가져가 먹으라고 천안역까지 이고 와 건네준 사과 한 박스 부산까지 오는 동안 힘들게 끌고 온다는 생각 다섯 번쯤 어머니께 화가 났는데, 네다섯 시간 흔들리다 집에 와 열어보니 모두 발갛게 상기되어 있다

한참 바라본다

몸을 떨다

옛말 그른 거 하나두 읎구먼그랴

등골 빠지는 일이 땅 파먹고 사는 일이라더니 자네가 그 꼴 난 겨 척추뼈 내려앉었다니 워쩔 겨 당장 김장배추 비료 줘야지 두렁 깎고 두렁콩 거둬야지 논이고 밭이고 전부 손 벌리고 앉었잖어 젤 바쁠 때 자빠뜨려 놓고 그만 손떼라 이게여 뭐여?

허긴, 칠십 년이나 썼어 절단날 때도 된 겨 저녁마다 내 남적읎이 괭이 마냥 앓다 새벽이면 첫닭처럼 일어났잖어 한 달 동안 꼼짝 말라니 너두 참 갑갑허게 생겼다 맨날 짤짤거리고 댕기더니 말여

아버지(차금기, 1936~) 세대의 어쩔 수 없는 선택이었다 할지라도 평생 지겟작대기로 들판 건너오기란 척추뼈 내려앉는 일 여름이 간다 푸른 들판 인수인계 받는지 눈빛 깊어졌다

환선굴*

삼척에서 속초로 넘어가는 고개쯤일까 장시간 봉고에 기댄 노인네 지루한 것 같아 아버지, 거북이처럼 오백년 사시지도 말고 학처럼 천년을 사시지도 마십시오, 했더니

늙었으니 죽으란 얘기냐? 불쾌해 하신다 그게 아니고 거시기처럼 사시라고요 너는 낫살이나 먹었다는 게 제수弟嫂도 있는데 별 해괴한 소리를 다 하는구나, 더 불쾌해 하신다

거북이도 기껏 살아야 오백년 학도 끽해봐야 천년인데 인간사 수만 년 동안 죽었다 살아나고, 죽었다 살아나는 건 거시기뿐이니 더도 덜도 말고 거시기처럼만 사십시오, 했더니

환선굴처럼 구불구불한 칠십 노인네 이마가 환하게 열리는 것이었다

* 삼척에 있는 노년기 석회암 동굴.

농지 늘어나다

신나는 일이다
아산만 매립도 하지 않고
바위배기 개간도 하지 않았는데
농지가 늘어난다
남의 땅 빌리기 별따기더니
휴경농법 도입해야 되는 거 아닌가
자꾸 농지가 늘어난다
들판 내려갈 때마다 황당한 부음들
멀쩡하다고 잊고 살았던 이빨이
어떤 때는 두 개씩 흔들리고 빠진다
농지만 남기고
한 집 건너 아는 이 사라진다

정범식

뇌진탕인지 뇌졸중인지 하여튼 뇌 쪽이라더먼

배 같으면 개복이래두 해봤을 텐디 뚜껑이래두 열어봤어야 한이 읎을 텐디 말여 깨잇늠으거, 잘된 겨 깔끔허게 개똥밭 떠났으니 신세 편허구 얼마나 좋아 어려서버텀 최부자네루 워디루 평생 머슴살이 댕겼으먼 된 거여 사람이 곡진해서 법 읎이 살어온 양반이지만서두

법 읎이 살어온 양반?

법 있어두 간 양반이니께 법 읎이 살어온 양반 맞구먼 머리 다쳐 병원 갔다 왔다구 이젠 다 나았다구 나중 보니께 흙두 털어내지 않구 꼬맸더랴 가진 거 읎구 연고緣故 션찮다구 터진 양말 꼬매듯 그 지랄덜 허먼 되남, 씨불알 늠덜 말여

애어른할 거 없이 범식이 범식이, 온 동네 범식이로 통하던 범식이 언제 그가 좌장 된 적 있던가? 법 있어도 살지 못한 범식이가 상석에 앉아 술 고픈 이 술잔에 술을 따른다

* 누구나 삶의 무게는 같을 터인데, 71세 정범식의 삶은 깃털보다 가볍다. 싸가지 없는 어린것들이 놀려도 늘 웃기만 했다. 평생 뼈 빠지게 일만 하게 한 개똥밭. 차가운 냉골에서 살다간 그의 삶이 가슴을 친다. 그는 애머슴부터 들판에 엎드린 들판의 큰손이었다.

밥

감자밥 강정밥 고두밥 보리곱삶이 기장밥 꽃밥 눌은밥 대통밥 메밀밥 무밥 상수리밥 송이밥 수수밥 술밥 쑥밥 약밥 엿밥 옥수수밥 조개밥 조밥 주먹밥 매나니 차조밥 찰밥 콩나물밥 피밥 언덕밥 지에밥 소나기밥

많고 많은 밥 중에

오십도 안 돼 날 받아 놓은 놈

평생 들판에 엎드려

생판 모르는 놈까지 밥 거둬 먹이던 놈

이민 가는 것도 아니고

밥이나 한 끼 하자는 데

나는 무슨 밥을 먹어야 하나?

공범들

세류리 노인정에서 기다리는 폼 나는 스타렉스 마다하고 일부러(?) 트랙터 짐칸에 앉아 합덕 예식장 간다

축구 한 팀 너끈한 합석인원 단체로 똥 누는 폼으로 털털털 리듬에 몸 맡기며 공식적인 행선지 합덕 예식장 간다

너는 왜 여기 찡겨가능 겨, 어른들만 계신디 버릇읎이

까닭 없이 지청구를 해가며, 엊그제 양지다방 인사이동 있었는데 아느냐구 알다마다 문 양 갔다니께 밥맛이 다 읎더먼 참한 문 양 너도나도 각별했다고 각별은 얼어 죽을, 나야말로 유별나게 특별한 사이로 그 다음 후렴일랑 알어서들 정리허여

더 이상 알아들을 수 없도록 주고받는 말랑말랑한 말씀들

어허, 애 있는디 즘잖치 못허게

사십 먹은 애(?) 머쓱하게 전근 온 처녀선생님 상견례에 들뜬 애들 마냥 마음 벌써 양지다방 문을 여는 이빨 부실한 영감탱이들

그런디, 어머니덜은 차 타구 가시능개뷰?

집을 열다

상수리나무 아래 잔 부어 재배하니
문 두드리는 헛기척쯤 되리라
큰아버지, 큰아버지
마음으로 몇 차례 호명해도 대답 없다
묵언수행중이신가, 토굴에 든지 이십 년
아직도 입을 꽉 다물고 계신가
명정이 나왔다 이십 년 전 그대로다
누군가 혀를 찼다
나일론이 섞인 싸구려 명정은 빈곤의 흔적
세월도 비껴가는 가난은
썩지 않는 명정처럼 싸구려 같다
어금니 깨물며 희미한 뼈 수습하는 동안
손등 위로 햇빛 달라붙는다
참 맑은 날이다
생전의 몸 이리 다 소멸된 걸 보면
후생은 평안하시겠다는 생각
무엇보다 입 언저리 훤하게 열린 걸 보니

묵언수행 끝내고 말문이 트이셨다는 생각
경직된 어금니 풀어낸다
눈물 나지 않는다
천지간에 환한 큰아버지
한때 이 땅의 농투성이였던
벙어리였던 내 큰아버지

명자나무

놀이터 화단에 명자나무, 꽃봉오리 맺혔네

친구 만나 놀기로 했다며 핸드폰 콕콕거리더니 등산용 물통가방에 핸드폰, 똑딱이 단추 수첩, 선크림 챙겨 메고 나간 열두 살 작은딸

지난 일요일 즈이 엄마 붙들고 브라 런닝 사달라는 귀엣말 나는 듣고도 못 들은 체 물 먹으러 갔던가

쬐끄만 게 가슴은 무슨, 꽃쟁반에 꽃봉오리 맺는 신호일 테지

친구는 어디 가고,

키 작은 명자나무 꽃봉오리 맺혔네

제4부

고향 까마귀

방위 제대하고 서울 부잣집 개인 운전사로 일하며 언뜻 언뜻 거리에서 만나던 합덕택시 타향객지 고향 까마귀만 봐도 반갑다더니 쉥— 지나가는 합덕이라는 글자

가슴 짠해지더먼 서울에서는 죽어도 못 살겠다는 마나님 설득에 결혼하고 바로 내려왔다는, 아닌 게 아니라 사나이 한평생 고향지킴이가 된 영배 형님

합덕택시 사장이 합덕이랑 무슨 연고가 있는지는 모르겄구유 요새두 가끔 굴러댕기더먼유 대답하는 동수도 서울에서 택시 모는 까마귀이다

자네덜 손길이 영 아숩지, 들판 지키다보면

맑은 소주

조류독감 토착화 될 우려가 있습니다

연일 입 있는 양반들 걱정이 태산인데 요새 오리탕 먹는 사람 있남? 모처럼 아우하고 예당저수지 어탕집 평상에 앉았는데

토착화 된 청둥오리인가? 암만 봐도 집오리는 아닌 것들이 사람 무서운 줄 모르고 어탕집 마당 지나 저수지에 발 담그는 것이었는데

즈이들끼리 무어라고 씨부렁거리는 소리 가만 들어보니 씨불알늠으거, 해석이 안 되는 거라

씨벌헐 씨벌헐 하는 것도 같고,

천렵 가는 데 기를 쓰고 오리걸음으로 좇아오던 아우처럼 맨 뒤 수놈 한 마리까지 네 마리였는데

소 웃는 건 봤어도 추위 안 타는 새가 감기 걸린다는 건 금시초문이구먼

시골 닭집 아홉 시 뉴스 메인으로 등장하는 세사를 주고받으며 어탕을 먹는데 오리 네 마리 쪽배처럼 유유히 세파를 헤엄쳐 넘는 거라

어허, 저늠덜 고뿔드는 거 아녀?

가끔 물속에 처박았던 대가리 홰홰 휘두를 때마다 방역복으로 중무장한 자라가슴 덜컥덜컥 내려앉는 거였는데

사는 게 만만하지 않기는 새나 사람이나 매한가지 수원에서 불황 견디는 아우에게 소주 한 잔 부어주고 한 잔 받는다

소주가 참 맑다

나무 종아리

남포동에서 중앙동 사이 육교 밑을 지나다 써늘하게 스치는 찬바람, 뭐라 설명할 수 없는 끌림

하늘 층계 오르는 선녀의 희디흰 종아리 눈앞에서 아찔한 거라

선녀의 자취 구름 속으로 사라질 때까지 까까머리 어린 나는 헤벌쭉 서 있는 것이었는데

선데이 서울, 팔등신 브로마이드 영화 제목이 쿵꽝쿵꽝 심장으로 스며드는 것이었는데

미루나무 늘씬한 당감동 버스 정류소 88번 출근 버스 기다리다 아릿하게 목덜미 깨무는 찬바람

한 걸음 걸을 때마다 발자국으로 찍히는 산 너머 남촌의 국화향인지 국화향을 첨가한 샴푸 냄시인지 무슨 냄시가 비린내처럼 나기는 나는 것이었는데

이파리 환한 손바닥으로도 다 가리지 못한 희디흰 종아리

2대 8 가르마 사십의 내 눈은 짜릿한 기억처럼 예민해져, 쭉쭉빵빵 얄궂은 야동 포스터가 쿵꽝쿵꽝 심장으로

스며드는 것이었는데

등굣길인지 출근길인지 갈 길은 점점 멀어지고,

개성 고등학교 붉은 지붕 위로 해가 솟는지 지는지도
모르고

나는 또한 헤벌쭉 서 있는 것이었는데

호기롭게, 팍팍

나는 한 턱 내면 안 되나?
마디마디 굳은살 박인, 손톱 까만 손으로
시퍼런 배춧잎 두 장 탁자 위에 던진다
어허, 그러면 안 된다니께
해물 칼국수에 소주 두 병
부부동반 여섯이 나눠먹고
못 사는 내가 한 턱 내면 안 되나?
포장마차를 면한 몰운대 바닷가 해물 칼국수집
목로에 앉은 난장이들
왁자하게 떠드는 그들의 따스한 남루가
들판에 코 박고 사는 이들
물색 어두운 그들을 어쩌면 그렇게 닮았는지
파전 한 조각 쐬주 한 잔 찌클며 나는
예당평야 형님, 형수 대하듯 바라본다
그류, 이런 때 쓰능규
고액수표 날리듯
이만 원 범위 내에서 호기롭게, 팍팍

동백

니기미, 성질 참 더럽게 급하네
몰운대 해안도로 따라 동백 진다
진달래 벚꽃 구름 같은데
개나리도 곁다리 걸쳤는데
구름 속으로 뚝뚝 붉은 꽃숭어리 진다
마음 직수굿하지 못하여
명命 재촉하는 꽃
아서라, 농사는 젬병이겠다
너는

연어

서울로 명절 쇠러 간 아무개네 빈집 지나
어둑어둑한 논두렁을 걷는다
울퉁불퉁 두렁길 어색한지
여전 헛발 디디는 어린것들 일으켜 세우며
촌구석 시집오는 게 아니라는 마누라 불평
바람소리로 흘린다
철지난 원두막처럼 불빛 없이 웅크린 마을
걸리다 못해 들쳐 업은 막내딸년은
얼마나 남았냐고 칭얼대는데
나는 선뜻 대답을 못한다
그래 어디까지 왔는가, 명색이
들판의 장남인 나는 대처로 떠돈 십수 년 동안
동구까지는 돌아왔는가
넌 이담에 연애를 해도 도시 사는 놈하고 해야 된다
바람소리로 흘리지 못할 투정이 뒤통수를 긁는다
새겨듣지 마라, 네 뿌리가 여기란다
여기가 네 뿌리란다

경부선

기차가 지나는 소읍이나 도시는
어느 곳이나 똑같아 지겹네
내가 그 자리 서 있어도
하등 이상할 것 없는 풍경 때문에
맥주를 빨거나 TV에 매달렸지만
두 눈 서늘하게 펼쳐진 들판이 보이면
나도 모르게 자세 가다듬네
더운 햇살 올챙이 떼처럼 자글거리는 논바닥
바짓가랑이 추켜올린 늙은이들
모판 나르느라 정신없네
요즘엔 기계모라 간편해졌다지만
손품 발품 파는 거야 어디 갔을까
누가 쳐다보거나 기차가 지나가거나 말거나
왜가리조차 고개 돌리지 않네
다음 역에서 내리고 싶지만 내리지 못하네
오래전 무작정 올라 탄 기차는
지칠 줄 모르네

아차차!

까먹을 게 따로 있지
모내기 하러 못 갔다, 당진에 가지 못했다
칠십 늙은이 내외 망가진 허리 곧추세워
모내기 끝냈단다
천리 길 아니냐, 애들 데리고 오려면 고생스럽다
아무 걱정 말아라, 가보면
비료 한 포대 옮기기 여의치 않은데
걱정할 것 하나도 없다는 말
나는 정말 믿는 것일까 믿고 싶은 것일까
내게 아버지 어머니는
젊은 날 들판을 흔들던 모습 그대로
고정된 것은 아닐까
대처 나간 자식들
와주는 것만 해도 한 부조
지난 설에는 못자리에서 모내기까지
병해충 소독에서 가을걷이까지
올 농사 걱정 마시라 설레발쳤는데

벌써 뜬모까지 끝냈단다
병해충 소독은 내가 갈 때까지 남겨 두시라
또 설레발치지만
기름먹은 종이 외상값 적어놓으면 무엇하나
나는 금세 까먹을 것이다

칫솔

술에 취해
정신없이 자고 일어난 새벽
텁텁한 입안 헹구고 싶어
칫솔통에 손이 가다
어쩌면 한집에 살면서 닮은 색이 하나도 없을까
색색의 칫솔들 바라본다
유독 분홍색을 좋아하는 여덟 살
어린 딸년의 칫솔과
비스듬히 꽂힌 내 칫솔과 맞닿아 있다
제법 커가는 것에 눈을 뜨는지
볼따구니 입술만 닿아도 진저리치더니
입 안 가득 오물거린 마음은
그게 아니었던 모양
내 굵은 칫솔모와 가는 칫솔모가
맞닿아 있다
어머니 뱃속에서 나왔어도
큰소리치고 사는 놈 좀팽이처럼 사는 놈

각자 사는 색깔 다른 걸로 치면
칫솔색이야 애초부터 닮을 이유가 없다
풍치 걱정 앞서기는 해도
숙취가 따뜻하게 풀린다

입맛 살아나다

민원봉사과에서 하루 종일 호적부 정리하고 퇴근한 저녁 방학이라고 놀러 온 중학생 조카에게 내가 입던 추리닝 건네주고 보니 기장이 딱 맞는다

삼 년 만이지? 길에서 시비 붙었으면 싸울 뻔했는걸 조카 어깨 두드리며 요즘 유독 눈이 가는 이마 주름살과 브릿지라고 외면하는 흰 머리칼 새삼스럽다

호적부엔 주름살과 새치의 현황 기록되지 않아 어느 날 갑자기 한 사람의 생애가 사망삭선으로 끝나는 것 같지만, 은행나무 발밑에서 어린 나무 자라듯 호적부에 매달린 子, 子婦, 孫, 孫婦……, 태양의 그림자 따라 졸업을 하고 결혼을 하고 호주가 된다

사십대 나의 삶도 어느 때에는 결재가 나고 하늘 홀더에 편철되겠지만 퇴적물 쌓이고 쌓여 층을 이루듯 층 하나 만들기 위해 나는 다만 하구로 흘러가는 중이다

대견하게 자란 조카를 보며 진부한 묵상으로 인식의 용량이 넘쳤는지 인식의 깊이가 과거로 흘러가 식욕을 자극했는지 오래전 농투성이 건건이 들기름에 찐 시래기 먹고 싶다 촌스럽고 궁기窮氣 흐르는 입맛 살아난다

녹차밭에 가다

선진 경영기법으로
불황을 모른다는 대규모 녹차단지 갔더니
과연, 잡지에서 TV에서 본 그림하고 똑같네
푸른 등고선으로 표시된 지도처럼
산등성이 온통 물이랑이네
친절한 도우미 있어
대륙성 기후 해양성 기후 맞닥뜨리는 지역이라
녹차 키우기 최상의 조건, 둘러보니
웬만한 산등성이 죄다 녹차밭이네
주인이? 서울 사람들이라네
짐작은 했지만 생녹차잎 참 씁쓸하네
분위기 삼삼하게 산안개 내려도
수건 쓴 늙은이들 찻잎 따기 분주하네
아들놈 대학 보낸 이도 있다는 걸 보니
원주민 같았네

들판의 손

자다말고 긁어댔는지
열셋 어린 딸의 이마 벌겋게
손톱자국 부풀어 올랐다
가만 살펴보니 뾰루지처럼 돋아나는 여드름 서너 개
피부 밑 왕성하게 물줄기 퍼덕일 때마다
벅벅 긁는 맛은
얼마나 시원한 서릿발인가
두터운 외투가 좀 무거워 보이는 출근길
지하철 대형 스크린엔 남도의 들판
보리밭을 매는지 냉이를 캐는지
호미질 한창이다
날이 풀려가는 모양, 땅속에서
푸른 물줄기 퍼덕이나보다

가려우냐, 들판아
내 늙은 아버지를 또,
불러냈구나

ㅁ 해설

소리의 현상학

박수연(문학평론가)

차승호의 시집은 회귀 심리의 극장이다. 모든 언어들은 그가 떠나온 곳의 소리들을 재현하고, 그는 매순간 돌아가기 위해 시를 쓰는 사람의 태도를 대리한다. 그가 회귀자들의 심사를 여러 자세로 대리할 때, 시는 그 자세들의 경연장이 될 것이다. 회귀의 장소는 사람들이 고향이라고 부르는 곳이다. 거의 전면적으로 그는 그곳, 고향을 향한 수구초심을 형상화한다. 그것의 가장 유력한 형식이 그의 고향의 방언이다. 시들은 방언의 유장하고 해학적이며 풍자적인 면모에 휩싸여 충청도 농촌 특유의 분위기를 만들어 낸다.

돌아갈 곳이 있다는 사실은 인간이 세상 속에서 상처투성이 삶을 살아도 끝내 위로받을 수 있는 곳이 존재한다는 것을 뜻할 것이다. 이것은 말할 필요도 없이 세상에 생명을 얻어 살아가는 존재 모두에게 해당되는 일이다. 그런데, 차승호에게 그 위로의 장소가 '방언의 장소' 라면, 그가 돌아갈 곳으로 상정해 놓은 고향은 보편적인 장소가 아니라 특이한 장소라는 사실을 뜻한다. 이를테면, 차승호는 회귀의 보편적 체험을 장소의 특이한 경험으로 실현하는 삶을 살아가는 것이다.

특이함을 실현한다는 말이 중요하다. 고향은 '고향' 이라고 발화되자마자 보편적이랄 수 있는 공통의 반응을 이끌어내기 때문이다. 그 보편적인 고향이 특이하게 실현되는 것은 방언 때문이다. 방언은 지역마다 다른 것이다. 한 지역의 방언이 수용될 때 다른 지역의 방언은 더 이질적이 된다. 동시에 방언이 시에 등장하자마자, 그 방언은 시에 사용된 다른 언어들을 배경으로 물러나게 만든다. 이 과정에서 방언은 방언의 형식 자체로서 의미를 만들어내는 언어가 된다. 시는 그러므로 두 개의 의미 중심을 특이하게 만들어낸다고 해야 한다. 하나는 방언이 만들어내는 보편적 고향의 특이한 실현, 또 하나는 언어가 지시하는 의미의 실현. 차승호의 시는 그 두 개의 중심을 동시에 작동시키는 묘한 힘을 가지고 있다. 방언이 이미 고향이고, 동시에 방언은 언어이기 때문이다. 시를 보자.

들판에서 불린 몸 빼내어
추수 끝나고 묵은 때와의 한판
목욕탕 수돗가로 걸어가니, 후미진 끄트머리
귀밑머리 길게 길러 정수배기 쪽으로
쓸어 넘기고 쓸어 넘긴 사내
중방리에서 대대로 농사짓는
아는 얼굴의 사내
칫솔로 염색약 찍어 거웃을 물들이고 있네
나이 들면 거기도 허옇게 세는가
투박한 사내의 손길을 따라
천년의 우물가 물먹은 돌이끼처럼
새까맣게 일어서는 거웃
나날이 변방으로 밀려 황량해진 들판에
씨 뿌리듯 모내기하듯
사내의 눈빛 참 진지하네
한 올 한 올 염색약 칠해가며 사내는
들판의 부활을 생각하는 것은 아닐까
자꾸 쳐다보는 내 눈길 의식한 듯해
어물쩍 선수를 치네
농사꾼은 워디가도 표난다니께
정성들여 가꿨으니 안사람이든 들판이든
한 십년 찍어누르는 건

일도 아니겄구먼그류

—「거웃을 물들이는 사내」 전문

세상의 생명이 무엇을 통해 북돋아지는가 하는 점을 시는 은근히 그러나 분명하게 표현한다. '씨 뿌리고 모내기 하는' 사람의 힘이 그것일 것이다. 이 힘은 두 개의 자장을 가지고 있는데, 하나는 저 생명의 대지로 향하는 힘이다. 생명은 그것 자체의 자율적 능력으로 있고, 인간의 노동이 그 능력을 도와 대지를 꽃피게 한다. 다음, 그 힘은 힘의 근원 자체로 돌려진다. 생명은 외부의 존재들만 살아가게 하는 것이 아니다. 생명에 의해 가능한 힘은 다시 그 생명에게로 돌려져서 생명을 지속시킨다. 자율적 능력의 재생산이라고 할 만한 이 사태는 그러나 그 능력의 고립성을 의미하지 않을 것이다. 자율적 능력이 스스로를 재생산할지라도 그 재생산은 외부의 조건들에 의해 훼손당하지 않는다는 전제 속에서만 가능한 것이다. 자율적 능력은 스스로의 힘을 재생산하는 만큼 외부의 조건들을 재생산한다는 점에서 그렇다. '거웃을 물들이는 사내'의 의미가 이렇게 해서 결정된다. 그 사내는 스스로의 능력을 재생산하면서 동시에 저 대지의 힘을 재생산한다. 둘 중에 하나라도 문제가 발생할 경우 그 둘의 재생산은 더 이상 지속될 수 없는 불모의 상태로 떨어지고 말 것이다. 시인은 이 두 가지 힘의 구현체를 한 존재 안에서 슬쩍 결합시키는데, 시의 결구가 방언으로 처리된다는 사실을 독자들은 특별히 눈여겨볼 필요가 있다. 다른 대부분의 시들과 달리 방언이 부분적으로만 등장하기 때문이다. 그러니까, 시인으로 하여금 시를 쓰도록 하는 원동력이 방언이지만 그 방언의 잠재적 성격이 부각되는 시가 「거웃을 물들이는 사내」이다. 시는 제 자신의 비밀을 은근히 감추고 드러낸다. 이렇게 본다면, '거웃을 물들이는 사내' 는 이미 드러나고 잠재되는 세상의 원리를 수행적으로 보여주는 존재라고 할 수 있다. 시는 이로써 방언의 의미론을 맨먼저 터득한다. 그것은 드러내고 잠재시키는 언어들의 소리이다.

이 소리를 찾아 시인이 고향에 도달할 때, 상념이 문득 그의 길을 막는다. "아파트 싫다, 예당평야에 눌러 계신 어머니/ 차부에서 나를 배웅하고/ 전봇대처럼 멀어지던 어머니, 눈에 밟히네/ 나는 멀리 부산에서 사네"(「호박」)라고 말하던 시인은 그 어머니가 있는 고향에 돌아오면서 어떤 망설임에 사로잡힌다.

서울로 명절 쇠러 간 아무개네 빈집 지나
어둑어둑한 논두렁을 걷는다
울퉁불퉁 두렁길 어색한지
여전 헛발 디디는 어린것들 일으켜 세우며

촌구석 시집오는 게 아니라는 마누라 불평
바람소리로 흘린다
철지난 원두막처럼 불빛 없이 웅크린 마을
걸리다 못해 들쳐 업은 막내딸년은
얼마나 남았냐고 칭얼대는데
나는 선뜻 대답을 못한다
그래 어디까지 왔는가, 명색이
들판의 장남인 나는 대처로 떠돈 십수 년 동안
동구까지는 돌아왔는가
넌 이담에 연애를 해도 도시 사는 놈하고 해야 된다
바람소리로 흘리지 못할 투정이 뒤통수를 긁는다
새겨듣지 마라, 네 뿌리가 여기란다
여기가 네 뿌리란다

—「연어」 전문

"그래 어디까지 왔는가"라고 묻는 화자의 심정은 어떤 머뭇거림에 잡혀 있다. 생애의 최종적인 목적지를 따져 물을 때 주로 사용되는 그 물음은 대부분 그 목적지를 향해 간단없이 질주해야 하는 자세를 고무하기 위해 제기되는 것이다. 「연어」의 물음은 그러나 정확히 그 반대를 겨냥한다. 우선 그것은 떠나온 곳으로 돌아가는 존재를 향해 묻는 물음이다. 화자는 아직 자신이 돌아가야 할 곳에 도착

하기 이전이다. 실제적 거리 외에도 심리적 거리가 작용하고 있을 그 상태는 현대의 한국사회가 바라보는 농촌의 위상을 표현하고 있다. "어둑어둑한 논두렁" "울퉁불퉁 두렁길"로 그려지는 화자의 고향을 그의 아내가 "촌구석"이라는 단어 하나로 전락시킬 때, 여기에는 한국사회 전체가 그 농촌을 바라보는 시각의 전형이 있다. 아마 그 전형적 시각보다도 더 아픈 마음이 그 말을 듣는 화자에게 있을 것이다. 그가 자식들에게 "네 뿌리가 여기란다"라고 되뇌이는 것은 일종의 몸부림과도 같은 행위이다. 이를테면, 가족들에게도 외면당하는 땅이 한국의 농촌이다. 그 부정적 상태가 화자로 하여금 머뭇거림에 사로잡히도록 하는 조건일 것이다. 다음, 그 소외적 조건에도 불구하고 끝내 고향을 지향할 수밖에 없는 마음이 있는데, 이것이 "어디까지 왔는가"라는 물음의 또 다른 의미를 구성한다. 그 물음은 화자에게 자신의 현재 상태가 바람직하지 못한 처지임을 환기하는 물음이다. '나는 지금 무엇을 하고 있는가'라는 질문이 그것에 수반될 것이다. 그러니까 시의 화자는 할 일 제대로 하고 있지 못한 자신에 대한 자책의 시간을 그 질문과 함께 수행한다. '나는 얼마나 이 고향 앞에서 당당한가' 혹은 '나는 이곳에 있을 자격이 있는가'와 같은 말이 그의 내면에는 숨겨져 있을 것이다. 왜냐하면, 그가 돌아가는 곳은, 어머니가 여전히 들판의 일부로 살면서 생명을 불어넣는 기원의 장소이기 때문이다. 기원이되 아무도 더 이상 돌보려 하지 않는 소외된 기원이 그곳이다. 그는 그 기원의 장소에 자격이 있는 몸으로 돌아가고 있는 것인가. 이 질문의 의미가 새삼 고려되어야 하는 이유는 그 질문과 함께 현대를 살아가는 한국인 모두가 이미 고향의 현재에 대한 잠재적 공격자라는 사실에 있다. 자본주의 세계 체제에서 우리 모두는 저 고향의 대지에 대한 파괴자로서만 목숨을 연장하고 있는 것은 아닌가. 그것이 시의 화자로 하여금 "얼마나 남았냐고 칭얼대는" 딸에게 손쉬운 답변을 하지 못하도록 하는 이유인 것이다. 「녹차밭에 가다」에서 녹차잎 따는 노인들을 "원주민 같았네"라고 표현하는 시인의 심사는 바로 그 이유를 직접적으로 제시하는 구절이다. 현대의 인간 모두는 그들의 고향 사람들을 '원주민'으로 착취하면서 사는 것이라는 의미가 여기에 있다. 시인이 고향 앞에서 모종의 머뭇거림에 사로잡히는 이유가 그것이다. 이런 맥락에서 「경부선」은 현대인의 삶의 방식이 처해 있는, 재귀불가능한 가속도적 상황의 세계를 형상화한다.

더운 햇살 올챙이 떼처럼 자글거리는 논바닥
바짓가랑이 추켜올린 늙은이들
모판 나르느라 정신없네

요즘엔 기계모라 간편해졌다지만
손품 발품 파는 거야 어디 갔을까
누가 쳐다보거나 기차가 지나가거나 말거나
왜가리조차 고개 돌리지 않네
다음 역에서 내리고 싶지만 내리지 못하네
오래전 무작정 올라 탄 기차는
지칠 줄 모르네

―「경부선」 부분

기차를 타고 가다 창밖으로 보게 되는 농촌 풍경이 있다. 시인은 안타까운 심정으로 그 풍경을 묘사한다. 기차의 속도는 지치지 않고 가속될 뿐이다. 현대의 조건이 바로 그럴 것이다. 자본의 주행은 정지 불능의 고장난 기차처럼 알지 못할 비극의 시공간을 향해 달려간다. 기차가 상징했던 근대적 발전의 현재가 그러한 것이라면 당연히 우리 모두는 그 기차에서 내려야 할 터이다. 그러나 그 누구도 기차의 가속을 이기지 못한 채 끌려가고 있을 뿐이다. 현대인들이 고향에 대한 잠재적 공격자라는 말은 그러므로 어쩔 수 없는 삶의 조건이 강제한 결과라고 해야 한다. 그 조건에서 고향에 찾아가는 일은 더 이상 지친 삶을 위로하는 행위가 되지 못한다. 차승호의 시에서 고향이 방언의 활달한 리듬으로 구성되면서도 알지 못할 슬픔으로 감싸여 있는 이유가 이것일 것이다.

고향이 이런 상태라면, 그 고향이 귀환의 위로를 사람들에게 줄 수 있으리라고 기대하는 것은 이미 그 기대 자체가 착취의 한 가지 행위에 지나지 않는 것이 된다는 사실을 뜻한다. 불가능한 것을 요구하는 행위가 바로 착취이기 때문이다. 그럼에도 불구하고 인간들이 그들의 고향으로 돌아가야 하기 때문에 고향이 신화화 된다. 현실과 무관한 고향에 대한 신화는 따라서 모든 모순적 행위를 포괄하는 관념적 추상에 지나지 않는 것이다. 시의 방언, 그리고 방언보다는 덜하지만 적지 않게 등장하는 비어는, 이 추상을 벗겨보려는 시인의 노력이다. 방언과 비어는 무엇보다도 육체의 언어이기 때문이다. 그 방언과 비어가 고향의 추상성을 구체성으로 바꾸어 놓는 예들은 시집의 앞에서 뒤까지 얼마든지 있다.

씨불알늠으거,
호락질버덤 품팔이가 휄씬 수월허여 먹고 얘기허다 하루해 다 보낸다니께
마늘 캐내고 콩 심는 자리 오리 마냥 쪼그려서 그런지 오금다리 저리고 햇살 따가워 볼따구니 얼얼하다
냉장고 보리차라두 얼려갖고 나올 걸 그랬유
늙은 어머니 쉴 생각 없으신가 콩알만한 비지땀, 빈 밭

메워 나간다

날 더운디 저 여편네들 뭐가 저리 재밌다니?

길 건너 포도밭 봉지 씌우기 작업에 동네 분들 점밥 자시는지 서로 옆구리 찌르는 소리 갈갈대는 웃음소리

칠십 늙은이덜 정분나면 워쩔라구 저런댜

물레방앗간이 따로 읎구먼그류

호밋자루 집어던지고 일어서는데 포도밭 늙은 우체부 도장 갖고 나오란다

얼러려, 눈치 채셨나베 냄시 풍기고 안 줬으면 숭봤을규

—「참외 두 개」 전문

시는 의미의 깊이를 숨겨놓지 않는다. 오히려 방언의 리듬과 현상이 그 방언의 장소에서 있는 그대로의 그림으로 존재하는데, 그것 자체가 방언의 힘에 의지해 시적 상황으로 변모한다. 차승호만의 언어구성체가 탄생하는 순간이다. 이렇다는 것은 방언의 현상학과 그것의 살아있는 구체성이 이미 그것 자체로 시적 구성체의 핵심이 된다는 사실을 뜻할 것이다. 차승호의 시적 전언은 그러므로 언어들을 공교하게 굴려 인공적 아름다움을 만드는 데서 시적인 것을 찾을 일이 아니라 언어 자체의 리듬으로 삶이 재생되는 심미적 공간에서 시적인 것을 찾아야 한다는 사실에 있다. 이때 시의 구체성은 삶의 구체성을 얼마나 잘 드러내는가

하는 점에 있을 수밖에 없다. 삶의 구체성을 점점 더 개인적 언어의 자폐공간에 묻어두는 경향이 농후해지는 시대에, 차승호의 이런 시작법은 아주 특이한 일임이 분명하다. 이 구체성 속에서 "씨벌헐 씨벌헐, 아우는 일도 잘한다/씨벌늠, 나는 욕만 잘한다"(「씨벌헐 씨벌헐」)는 진술이 의외의 성과를 획득하는 것, 그것이 차승호 시의 묘미이다. 일을 잘하는 것과 욕을 잘하는 것이 묘하게 통일되고 있기 때문이다.

「거웃을 물들이는 사내」가 다시 살펴져야 하는 이유가 여기에 있다. 일과 욕의 통일을 가능하게 하는 것은 바로 거웃을 물들이는 사내의 노동처럼, 대지의 생명을 일깨우는 노동이기 때문이다. 차승호의 시가 '들판'의 세계를 자신의 일부로 거느려야 하는 이유가 이로써 분명해진다.

자다말고 긁어댔는지
열셋 어린 딸의 이마 벌겋게
손톱자국 부풀어 올랐다
가만 살펴보니 뾰루지처럼 돋아나는 여드름 서너 개
피부 밑 왕성하게 물줄기 퍼덕일 때마다
벅벅 긁는 맛은
얼마나 시원한 서릿발인가
두터운 외투가 좀 무거워 보이는 출근길

지하철 대형 스크린엔 남도의 들판
보리밭을 매는지 냉이를 캐는지
호미질 한창이다
날이 풀려가는 모양, 땅속에서
푸른 물줄기 퍼덕이나보다

가려우냐, 들판아
내 늙은 아버지를 또,
불러냈구나

—「들판의 손」 전문

"가려우냐, 들판아/ 내 늙은 아버지를 또,/ 불러냈구나"와 같은 구절이야말로 이번 시집의 절창이다. 인간의 역사의 모든 것을 이 한 구절로 압축할 수 있는 표현은 누구나 할 수 있는 것이 아니다. 오래 그 들판에 시선을 두고 있었기 때문에 가능했을 그 구절로서 차승호는 자신의 득의의 영역을 이루었다고 여겨지는데, 물론 들판 자체가 차승호만의 것은 아니다. 이미 김소월과 이육사, 정희성이 자신들의 절창을 들판에서 뽑아냈고, 가장 최근의 시인들 중에서도, 류외향은 삶의 실존적 의미를 그 들판에서 찾고 있으며, 이중기는 들판을 '경전'으로 만들고 있는 것이다. 차승호에게 들판은 여러 맥락으로 놓여 있다. 그것은 "척추

뼈 내려앉는 일"(「몸을 떨다」)로 고된 장소이기도 하고 온갖 방언의 삶이 제 스스로를 되살리는 곳이기도 하다. 그러나 그 어떤 행위의 끝에서도 들판은 스스로 소리의 난장과 그 소리의 주인공들이 펼치는 노동으로 깊어지는 장소이다. 그곳은 온갖 구체성의 삶들이 소리의 현상학으로 영원히 재생되는 공간이다.

방언이 시에 직접 차용되는 것을 소리의 현상학이라고 할 수 있을 것이다. 이것은 의미론적으로는 소외된 삶을 표상한다. 미디어의 전국적 동시성이 확보된 시대에 방언이 점점 지배적 의사소통구조에서 변방으로 밀려나고 있다는 사실을 고려할 때, 방언의 시적 차용은 소외된 존재들에 대한 사랑의 행위 바로 그것으로 의미화된다. 다음, 그 방언이 펼쳐보이는 소리의 현상학은 포스트 모던의 의미론에 정면으로 대치되는 주체구성의 변증법을 보여준다. 차승호는 소리로써 삶의 의미를 구성하는 시인이다. 이것은 그의 시가 언어의 미끄러짐이 아니라 소리의 주체들이 벌이는 난장이라는 사실을 뜻한다. 소리에는 그 소리를 사용하는 주체의 능동적 의미가 전면화되기 마련이다. 소리가 사용되는 맥락도 중요하다. 언어의 미끄러짐이 강조되는 시대에 소리의 맥락 속에서 시를 사유하는 것은 그것 자체로 부재하는 것에 대한 열망을 또 다른 의미에서 드러내는 시적 전략이다. 차승호는 그런 의미에서 포스트모던 이

전을 통해 그 이후를 상상하는 발빠른 시인이라고 할 수 있다. 여기에 차승호 방언시가 드러내는 소리의 현상학의 의의가 있다. 그런 의미에서 그는 당대의 추상적 담론에 묶여 그 뒤를 쫓아가기에 바쁜 시인이 아니라 그 스스로 제 세상을 만들어내는 느긋한 시인이다.